NOUVELLES
Histoires
drôles

52

Illustration de la couverture :
Philippe Germain, Luc Boileau

Héritage
jeunesse

Nouvelles Histoires drôles n° 52
Illustration de la couverture : Philippe Germain, Luc Boileau
Conception graphique de la couverture : Luc Boileau
© Les éditions Héritage inc. 2002
Tous droits réservés

Dépôts légaux : 4ᵉ trimestre 2002
Bibliothèque nationale du Québec
Bibliothèque nationale du Canada

ISBN : 2-7625-1667-6
Imprimé au Canada

Les éditions Héritage inc.
300, rue Arran
Saint-Lambert (Québec) J4R 1K5
Téléphone : (514) 875-0327
Télécopieur : (450) 672-5448
Courriel : info@editionsheritage.com

À tous ceux
qui aiment bien rigoler!

J. O.

Toc! Toc! Toc!

— Qui est là?

— Maman.

— Maman qui?

— Maman n'aller si tu continues à m'énerver!

•

— Connais-tu un insecte qui mesure 10 cm de long, qui est beige et vert avec des pattes toutes poilues, une grosse carapace et de longues antennes?

— Non, toi?

— Moi non plus, mais en tout cas, il y en a justement un qui est en train de monter sur ta jambe!

•

Victoria revient de vacances chez ses grands-parents. Elle demande à son frère:

— Est-ce que tu as pensé à nourrir mes poissons rouges?

— Oui, mais j'ai complètement oublié de leur donner à boire!

•

Un policier arrête une voiture et dit au conducteur :

— Bravo, monsieur ! Vous êtes la millionnième auto à traverser ce pont. Vous gagnez cent dollars !

— Merci beaucoup, dit l'homme au volant. Ça tombe bien ! Je vais justement pouvoir passer mon examen de conduite !

— Pardon ? dit le policier.

— Ne l'écoutez pas ! dit la femme du conducteur. Il est complètement soûl, il dit n'importe quoi !

— Hein ? s'étouffe le policier.

— Je le savais ! dit le passager arrière. Je vous l'avais bien dit qu'on n'irait pas loin avec une voiture volée !

●

Quelle est la lettre qui hésite ?
E...

●

— Qu'est-ce qui est noir, jaune, noir, jaune, rouge ?

— Je ne sais pas.
— Une abeille qui vient de se cogner sur un arbre.

•

— Il me semble que j'ai déjà vu ton visage ailleurs.
— C'est peu probable, il a toujours été accroché en haut de mon cou !

•

Au restaurant :
— Est-ce que vous servez des nouilles ici ? demande le client.
— Bien sûr, monsieur, asseyez-vous, on sert tout le monde !

•

Olivier : Papa, est-ce que ça coûte cher du ketchup ?
Le père : Non.
Olivier : Alors pourquoi maman a crié autant quand j'en ai renversé sur mon chandail blanc ?

•

Sophie : Maman, est-ce qu'on peut avoir un piano pour Noël ?

La mère : Oh... ma petite Sophie, un piano, c'est beaucoup trop cher !

Sophie : Pas grave ! Je vais le demander au père Noël. Lui, il va le payer !

•

— Mais maman ! Pourquoi faut-il que je me lave les mains si je mange avec une fourchette et un couteau ?

•

Qu'est-ce qui est blanc, pond des œufs et se trouve dans l'espace ?

Une poule cosmique.

•

Guylaine : Connais-tu l'histoire de la varicelle ?

Alain : Non, qu'est-ce que c'est ?

Guylaine : Ah, j'aime mieux ne pas te la raconter, c'est trop contagieux !

•

Comment fait-on entrer un éléphant dans le frigo en quatre étapes ?

On ouvre la porte, on enlève le pot de confitures, on pousse l'éléphant à l'intérieur et on ferme la porte.

•

Comment fait-on entrer une girafe dans le frigo en quatre étapes ?

On ouvre la porte, on sort l'éléphant, on place la girafe et on ferme la porte !

•

Le lion, le roi de la jungle, avait ordonné qu'un animal de chaque espèce participe au grand défilé qui aurait lieu le jour de ses funérailles. Quand le triste événement est arrivé, il manquait juste un animal. Lequel ?

La girafe, elle était encore dans le frigo !

•

— Je suis allé voir un psychologue pour mes problèmes de mémoire.

— Qu'a-t-il fait ?

— Il m'a fait payer à l'avance !

•

— Connais-tu la blague du train ?
— Non.
— Trop tard ! Tu viens juste de le manquer !

●

— Pourquoi ton frère n'arrête pas de courir partout comme ça ?
— Parce qu'il trouve que ses souliers sont trop neufs !

●

— J'ai trouvé le moyen de faire beaucoup d'argent.
— Ah oui, comment ?
— Je vais ouvrir une animalerie.
— Et où vas-tu trouver ta marchandise ?
— Facile : ma petite sœur chante comme un rossignol, mon père est rusé comme un renard, mon petit frère est doux comme un agneau, ma mère nage comme un poisson, mon grand-père est têtu comme une mule, ma grand-mère est gaie comme un pinson et ma grande sœur est bavarde comme une pie !

●

Je suis un nez très utile à l'école. Qui suis-je?

Un nez-guisoir.

•

— Connais-tu l'histoire de la fourmi à moteur?

— Non.

— Moi non plus, elle est passée trop vite!

•

— Un grand explorateur a fait trois voyages dans sa vie. Un au Japon, un en Chine et un autre en Inde. Pendant lequel de ses voyages est-il mort?

— Je ne sais pas.

— Pendant le dernier!

•

— Sais-tu qui possède 500 paires de chaussures?

— Non.

— Un mille-pattes!

•

Je suis rouge à l'intérieur, rouge à l'extérieur, et je suis pleine de boutons. Qui suis-je?

Une fraise!

●

Quel est le comble pour une personne bavarde?

Aller à la plage et attraper un coup de soleil sur la langue!

●

En rentrant de l'école, Roberto dit à sa sœur:

— Aujourd'hui, il y a quatre nouvelles qui sont arrivées dans ma classe. Et elles ont de drôles de noms!

— Comment s'appellent-elles?

— Asie, Afrique, Europe et tu ne devineras jamais le nom de la quatrième!

— Euh... Amérique?

— Eh non! Elle s'appelle Françoise!

●

Lucie : Sais-tu qui a inventé l'école ?

Diane : Oui, je crois que c'est Charlemagne.

Lucie : Toute une invention !

Diane : Ah ! Qu'est-ce que tu veux... l'erreur est humaine !

●

Deux dauphins discutent :

— Comment trouves-tu ton travail au parc aquatique ?

— Oh, j'adore ça ! J'ai même réussi à dompter mon gardien !

— Comment ça ?

— Je n'ai qu'à faire quelques petites pirouettes, et tout de suite il me donne du poisson !

●

Étienne : Je vais te raconter l'histoire de l'homme à la valise.

Kim : D'accord !

Étienne : Il était une fois un homme qui sortait de chez lui avec une valise à la main. Le gardien de son immeuble lui demande ce qu'il transporte dans sa valise. L'homme lui dit : «C'est pas de tes affaires.» Un peu plus tard, sur un coin de rue, il croise une voisine qui lui demande ce qu'il y a dans sa valise. Il répond : «C'est pas de vos affaires.» Froissée, la dame s'en va. L'homme arrête alors un taxi et prend place dans la voiture. Le chauffeur de taxi lui demande gentiment s'il y a quelque chose de précieux dans sa valise. L'homme répond : «C'est pas de vos affaires». Le chauffeur, insulté, arrête sa voiture et débarque son passager. Il se rend compte alors que l'homme a oublié sa valise sur le siège arrière.

Kim : Et qu'est-ce qu'il y avait dans la valise ?

Étienne : C'est pas de tes affaires !

•

Claudiane : Est-ce que je peux aller aux toilettes ?

Le prof : Bien sûr. Et si tu vois le directeur, dis-lui que je veux lui parler.

Claudiane : D'accord. Et si je ne le vois pas, qu'est-ce que je lui dis ?

•

Une petite fourmi rencontre son idole.
— Vous savez, vous êtes four-midable !

•

Qu'est-ce qui va et vient mais n'a pas de jambes ?
Une porte.

•

Au restaurant :
— Garçon, dit le client, je tiens à vous féliciter sincèrement pour la pro-preté de la cuisine.
— Mais comment pouvez-vous dire ça ? L'avez-vous visitée ?
— Non, mais je suis sûr qu'elle doit être très propre parce que mon repas a un fort goût de savon !

•

Je peux faire pleurer quelqu'un sans même lui adresser la parole. Qui suis-je?

Un oignon.

●

La gardienne : Mais voyons, Jérémie! Pourquoi as-tu mordu ta sœur?

Jérémie : Un instant! Je ne l'ai pas mordue!

La gardienne : Ah non? Qu'est-ce que tu viens de faire, alors?

Jérémie : Je l'ai embrassée avec les dents!

●

Didier demande à sa copine qui revient de voyage :

— Alors, Bianca, comment as-tu trouvé le Mexique?

— En tournant à gauche à Vancouver!

●

— Qu'est-ce que tu ferais si tes parents n'avaient le droit de rien dire?

— J'achèterais un chandail blanc, un pantalon blanc, des bas blancs et des souliers blancs.

— Et puis?

— Et puis, j'irais jouer dans la boue!

•

Dans une prison:

Le gardien: Hé! toi, as-tu pris un bain?

Le prisonnier: Non, pourquoi? Il en manque un?

•

La prof donne un cours de mathématiques.

— Je vais essayer de vous expliquer les fractions. Par exemple, si je prends une pêche, que j'en mange la moitié, et que j'en donne la moitié à la directrice, que reste-t-il?

— Le noyau! répond la classe en chœur.

•

Ça fait plus d'une demi-heure qu'une dame essaie des chaussures au magasin.

— Ah! enfin, voilà des souliers qui me font parfaitement bien!

— Évidemment, madame, ce sont les souliers que vous aviez dans les pieds en entrant ici!

●

Didier : Maman! Je suis tombé dans un gros trou d'eau!

La mère : Ah non! Pas avec ton uniforme du collège?

Didier : Ben... je n'ai pas eu le temps de l'enlever!

●

Deux petites sœurs se parlent :

— J'ai faim!

— Moi aussi!

— Mais ce n'est pas encore l'heure de manger.

— Qu'est-ce qu'on va faire?

— Attends! J'ai une bonne idée!

Maman! Veux-tu t'amuser avec nous?

— Oui, répond la mère. À quoi voulez-vous jouer?

— On va jouer au zoo!

— D'accord! Que faut-il que je fasse?

— Eh bien, nous on fait les éléphants et toi tu fais une visiteuse qui leur lance plein d'arachides!

•

Qu'est-ce qui est mouillé et qui est toujours caché?

La langue.

•

— Il y a des choses que mon petit frère n'a pas encore comprises.

— Comme quoi?

— Eh bien, hier, il a demandé à ma grand-mère depuis quand elle connaissait ma mère!

•

— Marion s'en allait au cinéma quand elle croisa une dame en manteau de mouton qui promenait ses trois chiens. Chaque chien était infesté de cent puces; l'un d'eux était une chienne enceinte de trois petits. Combien d'êtres vivants s'en allaient au cinéma?

— Euh...

— Il n'y a que Marion qui allait au cinéma!

•

— Sais-tu ce que la grande aiguille dit à la petite?

— Non.

— Rendez-vous à 9 heures moins quart!

•

La cloche sonne et tous les élèves entrent en classe.

La prof: Bonjour Claude! Alors, tu commences à trouver qu'il fait froid dehors?

Claude: Oui.

La prof: C'est pour ça que tu as mis tes belles combinaisons bleues?

Claude: Oui, mais comment avez-vous pu deviner ?

La prof : Très simple, tu as oublié de mettre ton pantalon !

•

— Je viens d'acheter un chien de garde pour la maison.

— Est-ce qu'il est bon ?

— Plutôt, oui ! Ça fait trois jours que j'essaie de rentrer chez moi !

•

— Qu'est-ce qui est vert et qui monte et descend ?

— Je ne sais pas.

— Un petit pois dans un ascenseur.

•

Un pauvre dromadaire avait un maître tellement gros qu'il avait une bosse sous le ventre !

•

Thierry : Sais-tu ce que font les singes avec les pelures de banane ?

Sébastien : Non, quoi ?

Thierry : Ils les jettent, comme nous !

•

La prof : Qui peut me nommer cinq choses qui contiennent du lait ?

Édouard : Moi !

La prof : Je t'écoute.

Édouard : Le fromage, le beurre, la crème glacée... et deux vaches !

•

— Qu'est-ce qui est blanc et noir et qui se promène sur trois pattes ?

— Je ne sais pas.

— Un zèbre qui a une jambe dans le plâtre !

•

Deux hommes discutent dans la salle d'attente du dentiste.

— Moi, je dis que tout le monde devrait toujours dormir la fenêtre ouverte !

— Ah bon ! C'est un excellent conseil. Est-ce que vous êtes médecin ?

— Non, je suis cambrioleur.

•

Au restaurant :
— Comment avez-vous trouvé le steak, madame ? demande le serveur.
— Complètement par hasard, sous les pommes de terre et les carottes !

•

Un monsieur est assis sur un banc dans un parc. Depuis au moins quinze minutes, un jeune garçon est planté devant lui et le regarde. Le monsieur commence à s'énerver un peu.
— Mais qu'est-ce que tu fais là ? demande-t-il au garçon.
— J'attends.
— Tu attends quoi ?
— J'attends que vous vous leviez.
— Que je me lève ! Pourquoi ?
— Parce que tantôt, les employés de la ville sont venus repeindre le banc. Et je veux voir l'effet...

•

— Chaque matin, mon voisin boit un petit verre de peinture.

— Hein ? Pourquoi ?

— Parce qu'il est décorateur d'intérieur !

•

Madame Joly entre dans le magasin et dit :

— Vous avez fait une erreur sur votre affiche. Vous avez écrit « Pâtisserit » avec un t.

— Oui, je le sais. Mais tous ceux qui entrent pour me le dire ne peuvent pas résister et achètent toujours quelque chose !

•

Chez le psy :

— Cher patient, dites-moi donc ce qui arriverait si je vous coupais l'oreille gauche ?

— Euh, je ne pourrais plus entendre !

— Hum, hum ! Et si je vous coupais l'autre oreille ?

— Je ne pourrais plus voir.

— Comment ça ?

— Bien, parce que mes lunettes ne tiendraient plus !

•

— Mon voisin n'a pas d'oreilles.

— Pauvre lui ! Est-ce qu'il a de bons yeux au moins ?

— Oui.

— Fiou !

— Pourquoi fiou ?

— Tu imagines s'il avait eu à porter des lunettes !

•

Le prof : Si je dis « Je ne suis pas venu, tu n'es pas venu, il n'est pas venu, nous ne sommes pas venus... » Qu'est-ce que ça signifie ?

L'élève : Que la classe est vide ! Est-ce que je peux m'en aller ?

•

Karine : Maman, regarde le beau bracelet que je viens de trouver dans le stationnement du magasin !

La mère : Karine, il va falloir aller le porter aux objets perdus.

Karine : Pourquoi ? C'est écrit dedans « À toi pour toujours ».

•

Toc ! Toc ! Toc !
— Qui est là ?
— Jos.
— Jos qui ?
— Jos Louis !

•

Sur le bord d'un lac :
— Monsieur, que mettez-vous au bout de votre hameçon ?
— Du fromage mozzarella.
— Hein ? Mais que pensez-vous donc prendre ?
— De la pizza !

•

Le docteur : Comment vous sentez-vous depuis votre opération ?

La patiente : Pas mal. Mais des fois j'ai l'impression d'avoir des brûlures d'estomac.

Le docteur : Ah ? Je me demandais bien où j'avais pu laisser mon briquet !

•

— Qu'est-ce qui est jaune et qui va très vite ?
— Je ne sais pas.
— Une banane de course.

•

Chez le dentiste :
— Est-ce que ça va faire mal ?
— Juste un tout petit peu. Allez, sois courageux ! Serre les dents et ouvre la bouche !

•

Deux femmes discutent :
— Ah ! Je te dis que les affaires vont mal de ces temps-ci !
— Ouais, tu peux le dire ! Moi, mes vaches sont rendues tellement maigres

que je suis obligée de leur faire un nœud dans la queue pour ne pas qu'elles s'enfuient par les fentes de la porte de grange !

•

— Je t'ai vu tantôt payer ta facture de restaurant avec un beau sourire. Pourtant, ça t'a coûté cher !
— Je le sais, mais à la caisse c'était écrit : argent comptant seulement.

•

Qu'est-ce qui est bleu et qui monte et descend ?
Une main prise dans la porte d'ascenseur.

•

Marianne : Qu'est-ce qui peut t'imiter à la perfection ?
Alexis : Je ne sais pas.
Marianne : Ton ombre !

•

Monsieur et madame Thomie vous annoncent la naissance de leur fille Lana.

●

Monsieur Lebel va au guichet de la Place des Arts pour acheter un billet.

— Est-ce qu'il reste des places en avant ?

— Oui, répond la dame au guichet.

— Est-ce qu'il reste des places au fond de la salle ?

— Oui.

— Et au balcon ?

— Oui, il en reste. Qu'est-ce que vous choisissez ?

— Laissez donc faire ! Le spectacle doit être pas mal plate s'il reste autant de places !

●

Monsieur Provencher va consulter une voyante.

— Hum... dit-elle, je peux vous dire que vous avez mangé du spaghetti ce midi.

— Incroyable! Vous voyez ça dans votre boule de cristal?

— Non, sur votre cravate!

●

Annick vient de commencer sa première année. À son retour à la maison, sa mère lui demande :

— Est-ce que tu as aimé l'école?

— Ouais, mais c'est bizarre. On dirait que ma maîtresse ne connaît rien.

— Pourquoi dis-tu ça?

— Elle a passé la journée à nous poser des questions. Elle m'a même demandé le nom de notre école!

●

Au restaurant :

— Garçon! Il y a une mouche morte dans ma soupe!

— Oui, je sais. C'est la trop grande chaleur qui leur fait ça!

●

Je suis un nez qui attire le métal. Qui suis-je?

Un nez-mant.

•

Monsieur Gagnon, un vieux grand-père, s'est foulé une cheville. Son médecin lui a interdit de monter ou descendre des marches pendant deux semaines. Au bout de ces deux semaines, il retourne chez le médecin:

— Docteur, pensez-vous que je peux maintenant descendre et monter les marches?

— Oui, oui. Je crois que vous êtes tout à fait rétabli.

— ENFIN!

— Pourquoi dites-vous ça?

— Ben, j'en avais assez de rentrer et de sortir de la maison sur la rampe d'escalier!

•

Donald: Pourquoi les enfants doivent-ils se rendre à l'école chaque matin?

Laurelle : Je ne sais pas.

Donald : Parce que l'école ne peut pas se rendre à eux !

•

Walter et Sabrina sont en camping sauvage.

— Sais-tu quel est le comble de la vengeance ?

— Non.

— C'est de mettre de la poudre à gratter à un maringouin !

•

Émilie : Pourquoi ta mère porte toujours ton petit frère dans ses bras ?

Jacinthe : Parce que mon petit frère ne peut pas porter ma mère dans ses bras !

•

— Maman, est-ce que tu punirais quelqu'un pour une chose qu'il n'a pas faite ?

— Mais non !

— Ah! Fiou! Alors je n'ai pas fait mes devoirs.

●

Cléo : Merci, maman. C'était délicieux!

La mère : Quoi? Tu as déjà fini ton dessert?

Cléo : Mais, maman, c'était un éclair!

●

Quel est le comble de la soif?

Boire les paroles de quelqu'un.

●

Pourquoi vaut-il mieux ne pas se promener dans la jungle entre cinq heures et cinq heures et demie?

Parce que c'est l'heure où les éléphants descendent des arbres.

●

Pourquoi les alligators ont la tête plate?

Parce qu'ils se promènent dans la jungle entre cinq heures et cinq heures et demie!

●

Carmen : Tiens, un bonbon que je viens de trouver.

Lambert : Oh merci ! C'est gentil !

Carmen : Est-ce qu'il est bon ?

Lambert : Bien... il goûte un peu le savon.

Carmen : Ah ! ça doit être pour ça que Fred l'a craché !

•

Il était une fois un village où se trouvait une vieille maison abandonnée. Personne n'osait y entrer. Un jour, un garçon courageux décide d'aller voir ce qui se passe à l'intérieur.

Il ouvre la porte et entre, lentement. Il fait quelques pas et aperçoit un fantôme.

— Monsieur le fantôme, je crois que vous avez échappé votre mouchoir à côté de vous.

— Ce n'est pas mon mouchoir, c'est mon petit dernier !

•

— Qu'est-ce qui est jaune et qui fait très peur ?

— Je ne sais pas.

— Un poussin avec un pétard à mèche.

•

Un frère et une sœur discutent :

— Il y a des sœurs qui sont bavardes, mais toi tu es une exception.

— Tu trouves ? C'est gentil !

— Oui, tu es exceptionnellement bavarde.

•

Au restaurant :

— Mademoiselle, je viens de trouver une abeille dans mon verre. C'est absolument scandaleux !

— Quoi ? Pour ce prix, j'espère que vous ne vous attendiez pas à trouver une ruche !

•

— Quel est l'animal qui est toujours prêt à dormir ?

— Je ne sais pas.

— Le zèbre. Il est toujours en pyjama !

•

Un homme prend le taxi. Arrivé à destination, le chauffeur lui demande :
— 12 dollars, s'il vous plaît.
Le client lui donne six dollars.
— Mais monsieur, je vous ai dit 12 dollars !
— Ben oui, je sais. Mais vous avez fait le chemin avec moi, non ? Alors, payez votre moitié !

•

— Où dorment les poissons ?
— Je ne sais pas.
— Dans un lit d'eau !

•

Monsieur Thon appelle sa copine dame Sardine.
Drrrrrring !
— Allô !
— Non, à l'huile !

•

— Pourquoi les menuisiers construisent sans arrêt des maisons neuves ?

— Je ne sais pas.

— Parce qu'ils ne peuvent pas en construire des vieilles !

•

La prof : Qu'est-ce qu'une personne ignorante ?

Denis : Je ne sais pas.

La prof : C'est ça.

•

Deux copines attendent l'autobus un matin d'hiver :

— Oh la la ! L'air est froid !

— C'est certain ! Il a passé la nuit dehors !

•

Le frère : Ah ! Ça fait deux heures que tu me regardes sans arrêt faire mon casse-tête ! Tu commences à m'énerver !

La sœur : Ben quoi ?

Le frère : Tu ne pourrais pas en faire un toi-même ?

La sœur : Ah non ! Moi, je n'ai pas de patience !

•

Deux amis discutent :

— Tu as laissé ta petite amie parce qu'elle devait porter des lunettes ? Franchement !

— Non, non, ce n'est pas ça. C'est elle qui m'a laissé quand elle a mis ses lunettes et qu'elle m'a vu...

•

— Connais-tu la différence entre un avion et un prisonnier ?

— Non, qu'est-ce que c'est ?

— L'avion est en acier, le prisonnier est en taule !

•

Le prof : Quelles sont les dents qui arrivent en dernier ?

Cynthia : Les dentiers !

•

Myriam va visiter son copain André qui est tombé du toit de sa maison.

— Pauvre toi! J'imagine que ça t'a fait très mal quand tu es tombé?

— Non, pas tellement. C'est plutôt quand j'ai touché le sol que ça m'a fait mal!

●

J'ai quatre pieds mais je ne marche pas. J'ai une tête mais je ne parle pas. Qui suis-je?

Un lit.

●

— Connais-tu l'histoire de l'homme qui était tellement petit que ses souliers sentaient le shampoing?

— Non, mais je connais l'histoire de l'homme qui était tellement petit que ses cheveux sentaient le cirage à chaussures!

●

Le prof: Taisez-vous! Si vous n'arrêtez pas tout de suite ce vacarme, je sens que je vais devenir fou!

L'élève : Trop tard, monsieur ! Ça fait déjà une demi-heure que personne ne fait plus de bruit !

•

— Voici votre devoir de maths pour ce soir, dit la maîtresse. Si vous allez à l'épicerie et que vous achetez 472 grammes de poulet à 8,99 $ le kg, combien cela va-t-il vous coûter ? Maintenant, bonjour tout le monde et à demain !

Le lendemain, au cours de maths, la maîtresse demande à Sylvie :

— Alors, quelle est la réponse à mon problème ?

— Comment voulez-vous que je le sache ? Je ne suis pas allée à l'épicerie, moi, hier soir !

•

— Sais-tu pourquoi les Schtroumpfs sont bleus ?

— Non.

— Parce que leurs ceintures sont trop serrées !

•

— Comment faut-il s'habiller pour aller à la fête des tigres ?

— Je ne sais pas.

— Avec une armure !

•

— Le bébé de ma voisine a un an et demi et il marche depuis sept mois.

— Oh la la ! Il doit commencer à être pas mal fatigué !

•

La mère de Benoit est en train de lui donner un petit cours de cuisine.

— C'est très bien, mon grand. Ta crème fouettée a l'air délicieuse !

Benoit plonge alors son doigt dans le bol et prend une bonne bouchée de crème fouettée.

— Mais voyons, Benoit ! On ne doit jamais faire ça, ce n'est pas propre !

— Quoi ? Tu ne voudrais tout de même pas que je salisse une cuillère juste pour ça ?

•

— Qu'est-ce qui fait le tour de l'arbre mais ne rentre jamais dedans?

— Je ne sais pas.

— L'écorce.

•

Jacinthe : Qu'est-ce qui est aussi gros qu'un autobus mais ne pèse absolument rien?

Victor : Je ne sais pas.

Jacinthe : Son ombre.

•

Le directeur de l'école : Est-ce que le plancher est poli?

Le concierge : Bien sûr! Quand je le lave, il ne dit jamais un mot plus haut que l'autre!

•

Qu'est-ce qu'un bleuet?

Une framboise qui manque de souffle!

•

Lu dans le journal : « La police a arrêté un homme qui se prend pour un fantôme. Et on vient d'apprendre que ce n'est pas la première fois. En effet, il avait déjà été arrêté pour la même chose en 1752, en 1827 et en 1954. »

●

— Je ne veux plus aller à l'école. Personne ne m'aime. Les élèves me détestent et les profs aussi. Je veux rester ici, maman !

— Pas question mon grand ! Écoute, dans la vie, il faut faire des efforts. Je suis sûre que tu as plein de choses à apprendre à l'école. Et puis, tu n'as pas vraiment le choix, c'est toi le directeur !

●

— Qu'est-ce que tu as eu en cadeau à Noël ?

— Deux bâtons de baseball, cinq balles de baseball, un boomerang, une fronde et trois ballons de football.

— C'est un peu beaucoup, non ?

— Pas du tout, mon père vend des vitres !

•

Quelle est la différence entre ton petit frère et un biscuit ?

Tu ne peux pas tremper ton petit frère dans un verre de lait !

•

Le garde-pêche : Monsieur, la pêche est interdite ici !

Le pêcheur : Mais je ne pêche pas ! Je suis en train de donner des cours de natation à mon ver de terre...

•

Bastien : Sais-tu quel est le pire voyage qu'on puisse faire ?

Sergio : La traversée du désert ?

Bastien : Non.

Sergio : Une randonnée dans la forêt amazonienne ?

Bastien : Non.

Sergio : Une descente dans un volcan ?

Bastien : Non.

Sergio : Un voyage en Antarctique ?

Bastien : Non.

Sergio : Mais qu'est-ce que c'est ?

Bastien : Une expédition au bureau du directeur !

•

C'est la fin de l'année et Pascal attend l'autobus à côté d'un monsieur.

— Tu as bien l'air content ! lui dit l'homme.

— Oh oui ! Je viens de finir l'école.

— Chanceux ! Est-ce que tu as bien réussi ton année ?

— Je pense que je vais avoir d'excellentes notes dans mon bulletin.

— Ah oui ? Tu as bien étudié ?

— Non. Mais je vais vous dire un secret : j'ai copié et j'ai triché dans tous mes examens ! Ha ! Ha !

— C'est vrai ? Moi aussi je vais te dire un secret : je suis le directeur de la commission scolaire !

— Euh... et moi, vous savez, je suis le plus grand menteur de toute l'école !

•

Connais-tu l'histoire de la chaise ? Elle est pliante !

•

Toc ! Toc ! Toc !
— Qui est là ?
— G.
— G qui ?
— G hâte à ma fête !

•

Le prof : Greg, il se passe une chose vraiment bizarre.

Greg : Quoi ?

Le prof : Tu sais, lundi dernier, je vous ai demandé de faire une composition sur vos activités de fin de semaine.

Greg : Oui, moi je l'ai faite sur ma visite à l'érablière.

Le prof : Eh bien, ta composition est absolument identique à celle de Tamara.

Greg : Ah ! ça se comprend très bien. C'est parce que nous sommes allés à la même érablière...

•

— Pourquoi les éléphants sont gris ?
— Je ne sais pas.
— Pour ne pas qu'on les confonde avec des petites fraises des champs !

•

Roxane : Que faut-il faire avant de sortir de l'école ?
Guillaume : Je ne sais pas.
Roxane : Il faut y entrer !

•

Un homme se promène dans la jungle. Tout à coup, il tombe face à face avec un lion. Il prend ses jambes à son cou et s'enfuit. Il contourne un arbre, deux arbres, trois arbres, le lion le suit toujours.

Il passe à travers un buisson, saute par-dessus un ruisseau et se retourne, complètement essouflé. Le lion le poursuit encore. L'homme reprend sa course mais une branche le fait trébucher. Il s'affale par terre de tout son long et ferme les yeux, attendant la mort.

Il entend des bruits de pas à côté de lui et sent une patte sur son dos. Puis une voix lui dit :

— Tag !

•

Dans une animalerie :

— Bonjour madame, dit le vendeur, que puis-je faire pour vous ?

— Je voudrais échanger mon perroquet.

— Pourquoi ?

— Il n'arrête pas de conter des blagues à longueur de journée.

— Et ça ne vous plaît pas ?

— Oui, mais je les sais toutes par cœur !

•

Sara : Hier soir, en entrant dans la cuisine, imagine-toi que j'aperçois mon père en train de danser.

Caroline : Qu'est-ce qu'il faisait là ?

Sara : Je le lui ai demandé et il m'a répondu qu'il avait oublié de secouer la bouteille de sirop avant d'en prendre.

•

Samuel entre à la pharmacie et demande :
— Avez-vous des lunettes ?
— Pour le soleil ?
— Non, pour moi.

•

Premier voisin : Comme ça, tu t'es acheté une nouvelle paire de pantoufles ?

Deuxième voisin : Mais comment sais-tu ça ?

Premier voisin : Ton chien est venu les enterrer dans mon jardin !

•

Sylviane : Papa, je t'aime.

Le père : Tu m'aimes comment ? Un petit peu ?

Sylviane : Non, je t'aime un énorme peu !

•

Chez le médecin :

— Docteur, je suis continuelle-ment fatigué.

— Combien d'heures dormez-vous chaque jour ?

— Deux ou trois heures.

— Ne cherchez pas plus loin ! Vous devez être épuisé !

— Pas vraiment. Faut dire que je dors un bon dix heures chaque nuit !

•

— Moi, je me donne toujours à fond dans tout ce que j'entreprends.

— Ah oui ? Tu ne viendrais pas m'aider ? J'ai justement une piscine à creuser ?

•

J'ai deux branches mais les oiseaux

ne viennent jamais s'y poser.

Qui suis-je ?

Une paire de lunettes !

●

Le prof : Qui peut me nommer une chose qui n'existait pas il y a vingt ans et qui a changé nos vies ?

Aurélie : Moi !

●

Un homme dit un jour à sa femme :

— Ça y est. Je suis décidé. Je me mets au régime.

— Qu'est-ce qui t'a aidé à prendre ta décision ? lui demande son épouse.

— Eh bien, je suis allé à la clinique, je me suis pesé et j'ai lu sur la balance : Une personne à la fois, S.V.P.

●

— Sais-tu qu'est-ce qui est bleu et qui fait bzzzzz ?

— Quoi donc ?

— Un bleuet électrique !

●

— J'ai trouvé une nouvelle façon de perdre du poids.

— Qu'est-ce que c'est?

— Ça s'appelle la méthode chinoise.

— Tu manges du riz?

— Non, je mange de tout, mais seulement avec des baguettes!

●

Mireille: Maman, tu nous as toujours dit de ne pas oublier de fermer la porte du frigo, n'est-ce pas?

La mère: Oui, pourquoi?

Mireille: Eh bien, tantôt, Philippe a oublié de la fermer. Alors, pour lui donner une bonne leçon, j'ai mangé tout le reste du gâteau au chocolat!

●

Monsieur et madame Golade sont heureux de vous annoncer la naissance de leur fils Larry.

●

Un frère et sa petite sœur reviennent ensemble de l'école.

— Aujourd'hui, dit le frère, dans le cours d'éducation physique, on a joué au baseball.

— As-tu été bon ?

— Ah oui ! Imagine-toi donc que j'ai réussi à voler un but.

— Oh ! T'es mieux de ne pas le dire à maman, sinon tu vas te faire punir.

●

— Qui est l'écrivain qui a le plus de difficulté avec la grammaire et l'orthographe ?

— Je ne sais pas.

— Jean Narrache !

●

Dans le métro, une femme laisse un sac sur un siège.

— Madame ! lui dit un passager, vous oubliez quelque chose !

— Non, non. C'est le lunch de mon mari. Il travaille aux objets perdus !

●

Chez le médecin :

— Combien d'heures dormez-vous par nuit ?

— Une ou deux.

— Pauvre monsieur ! Ce n'est pas assez !

— Mais je suis gardien de nuit !

●

Le garde-pêche : Monsieur ! Ici, on pêche seulement avec un permis !

Le pêcheur : Ah bon ! Merci du conseil. Ça fait deux heures que j'essaie de pêcher avec un ver !

●

Quelle est la danse préférée des poules ?

La poulka !

●

— Qu'est-ce que tu fais ?

— J'écris.

— Tu écris quoi ?

— Une lettre.

— À qui ?

— À moi.

— Et qu'est-ce que tu dis ?

— Je ne sais pas, je te le dirai quand je la recevrai !

●

Deux copines discutent :

— Mon prof parle tout seul.

— Ouais, le mien aussi.

— Mais ils ne s'en rendent pas compte.

— Non, ils croient qu'on les écoute !

●

Marc : Écoute bien ma devinette. Qu'est-ce qui commence par T, qui commence encore par T et qui est plein de T ?

Lison : Je ne sais pas.

Marc : Une tasse de thé !

●

Le prof : Louis, je t'ai entendu traiter Éloi d'imbécile. Est-ce que tu le regrettes ?

Louis : À vrai dire, je regrette de ne pas le lui avoir dit avant !

●

Je suis un nez qui fait le tour de la planète.
Qui suis-je ?
Un nez-quateur.

●

— Quel est l'arbre le plus près de nous ?
— Je ne sais pas.
— Le cyprès.

●

Le prof donne un cours sur les hommes des cavernes.
— Vous savez que les premières lettres ont été écrites sur des roches.
— Wow ! dit Michel à son copain. Les facteurs devaient être fatigués à la fin de leur journée !

●

Deux employés jasent pendant la pause-café :

— Qu'est-ce que tu fais, toi, quand tu attrapes un rhume?

— J'essaie de boire 20 verres d'eau par jour.

— C'est tout?

— Écoute, plus de 20 verres, je ne suis pas capable!

•

Dans un petit village sur le bord de la mer, on a organisé un concours. Il s'agit de réussir à manger cent fruits (au choix) sans rire. Trois concurrents sont prêts à relever le défi.

Le premier choisit des fraises et n'arrive pas à se rendre à la fin.

Le deuxième concurrent choisit des bleuets. Il mange, mange et mange. 50 bleuets! 60 bleuets! 80 bleuets! Tout le monde est sûr de sa réussite. Mais soudain, au 99e bleuet, il se met à rire et est donc disqualifié.

L'organisateur des jeux vient l'interviewer et lui demande pour quelle raison il a ri aussi près du but. Voici sa réponse:

— Tout allait bien jusqu'à ce que je voie arriver le troisième participant avec ses melons d'eau!

•

— Que dit une tasse à une autre tasse dans l'armoire?
— Je ne sais pas.
— Rien du tout! Les tasses ne peuvent pas parler!

•

Comment s'appelle l'Allemande la plus légère?
Éva Senvoler.

•

Toc! Toc! Toc!
— Qui est là?
— Pierre.
— Pierre qui?
— Pierre qui roule n'amasse pas mousse!

•

Le prof : Combien ça fait 1-1 ?

Rachid : Ça fait H !

•

Le prof : Bruno, tu connais le règlement ! Enlève ta casquette quand tu entres en classe.

Bruno : Mais je n'ai pas ma casquette !

Le prof : Ah ! non ? Et ce que tu as sur la tête, c'est quoi ?

Bruno : C'est la casquette de mon frère !

•

Que dit un bourdon qui rencontre sa fiancée l'abeille ?

Alors, on se fait la bizzz ?

•

— Ma petite fille apprend tellement vite qu'elle peut déjà épeler le nom de sa ville à l'endroit et à l'envers !

— Ah ! oui ? Et où habitez-vous ?

— À Laval.

•

— Qu'est-ce qui est vert, jaune et blanc?

— Je ne sais pas.

— Une banane déguisée en cornichon!

•

Kim : Sais-tu pourquoi les éléphants n'ont pas besoin de calculatrice pour compter?

Francis : Non, pourquoi?

Kim : Parce qu'ils ne se trompent jamais!

•

Félix a rendez-vous avec son médecin.

— Bonjour, mon garçon. Tu vas t'asseoir sur ma table d'examen.

Le docteur lui met son stéthoscope dans le dos et lui dit :

— Tousse un peu.

— Heuf! Heuf! fait Félix.

— Encore un peu, demande le médecin en changeant de place.

— Heuf! Heuf! Heuf!

— Un peu plus fort, s'il te plaît.

— HEUF! HEUF! HEUF!

— Dis donc, Félix, dit le médecin d'un air inquiet, ça t'arrive souvent de tousser comme ça?

●

J'ai un dos et j'ai quatre pattes. Pourtant je ne peux pas marcher. Qui suis-je?

Une chaise!

●

Un beau mardi après-midi, le prof quitte le tableau et vient se promener entre les rangées pour parler à ses élèves.

Le prof: Il y a une chose très importante dans la vie. Il faut toujours être conscient de ce qu'on est. Alors je demanderais à la personne qui se croit la plus imbécile de la classe de se lever.

Les minutes passent. Tout le monde reste assis.

Le prof : Voyons ! Pourquoi personne ne se lève ?

Un élève : Pas nécessaire, prof. Vous êtes déjà debout !

●

On demande à un condamné quelle est sa dernière volonté :

— Je voudrais manger des fraises pour une dernière fois !

— Des fraises ? Mais on est juste au mois de mars ! La saison des fraises n'arrive pas avant l'été !

— Bof ! C'est pas grave, j'attendrai !

●

Madame Proulx amène sa fille chez le médecin.

— Ma chère madame, dit le docteur, après avoir examiné la petite Lison, votre fille a l'air d'être en parfaite santé ! Pourquoi vous inquiétez-vous ?

— Elle est bizarre de ces temps-ci et ce n'est pas normal. Ça fait au moins une semaine qu'elle fait ses devoirs tous les soirs sans que je dise quoi que ce soit !

•

— Qu'est-ce qui te donne le plus de problèmes à l'école ?
— Moi ? Ce sont les mathématiques !

•

Comment appelle-t-on un pou sur la tête d'un chauve ?
Un sans-abri.

•

— Je ne joue plus avec toi !
— Pourquoi ?
— Parce que tu triches !
— Ah oui ? As-tu des preuves ?
— Tu viens de jouer un valet de cœur !
— Oui, et alors ?
— Le valet de cœur, c'est moi qui l'ai dans ma poche !

•

— Pourquoi le dromadaire a juste une bosse ?

— Je ne sais pas.

— Parce qu'il s'est cogné juste une fois !

•

— Quel chien n'a pas de queue ?

— Je ne sais pas.

— Le chien chaud !

•

Qu'est-ce qu'il est absolument déconseillé de faire quand on se baigne près d'un banc de poissons-scies ?

Faire la planche !

•

— À quel moment le capitaine passe-t-il avant les femmes et les enfants ?

— Je ne sais pas.

— Quand on regarde dans le dictionnaire !

•

Toute la classe de Lana est allée visiter une ferme. En sortant de l'enclos des moutons, le fermier demande aux élèves :

— Savez-vous combien de moutons nous élevons ici ?

— Oui, répond aussi vite Lana. Il y en a 212 !

— Wow ! Tu m'impressionnes ! Comment as-tu pu compter aussi rapidement ?

— Facile ! J'ai compté le nombre de pattes et j'ai divisé par quatre !

•

Avec quelle lettre coupe-t-on les arbres ?

Avec la lettre H.

•

Des parents et leurs deux enfants ont un accident. Pablo, leur chat, est le seul survivant.

Un policier l'interroge sur les circonstances de l'accident :

— Que faisait le père ?

Le chat lui fait comprendre par signes qu'il mangeait.

— Que faisait la mère ?

Le chat imite quelqu'un qui tricote.

— Que faisaient les enfants ?

Pablo gigote comme un frère et une sœur qui se chamaillent.

— Mais toi, Pablo, que faisais-tu ?

Et Pablo fait mine de tenir un volant !

•

— Quelle est la différence entre une chemise dans l'eau de Javel et le Canadien ?

— Je ne sais pas.

— Les deux se font blanchir !

•

Un homme possédait un chat qui adorait grimper aux arbres. Un jour, le chat monte dans un érable et ne veut plus en descendre. Son pauvre maître est désespéré ! Il a beau crier après son chat, l'attirer avec de la nourriture, il reste toujours en haut. Même les pompiers ne réussissent pas à le faire descendre.

Le curé, qui passait par là, offre son aide.

— Si vous pouviez faire descendre mon chat, monsieur le curé, je serais tellement heureux!

Le curé s'approche de l'arbre, regarde le chat et fait le signe de la croix. Le chat descend aussitôt!

— Mais comment avez-vous réussi ça?

— Quand j'ai fait le geste «|», ça voulait dire «descend de là tout de suite». Et quand j'ai fait «−», ça signifiait «sinon je coupe l'arbre»!

•

Jonathan décide de faire la paix avec son pire ennemi et lui demande:

— Ami ami?

— D'accord, à quand le départ? (à Miami).

•

Normand : Je viens d'apprendre que mon voisin a attrapé la fièvre jaune.

Mathieu : Oh la la ! C'est très dangereux, cette maladie-là. Ou bien tu meurs, ou bien tu deviens fou !

Normand : Ah oui ? Comment ça se fait que tu sais ça ?

Mathieu : Je l'ai déjà attrapée.

●

— Quel est l'animal qui s'attache le plus aux humains ?

— Euh... le chien ?

— Non, la sangsue !

●

Toc ! Toc ! Toc !

— Qui est là ?

— Mi.

— Mi qui ?

— Mi eux vaut tard que jamais !

●

Dans une petite ville du Far West, le shérif a un terrible mal de dents. Mais il a une peur bleue du dentiste. Au bout de quelques jours, il n'en peut plus et doit se faire soigner. Une fois étendu sur la chaise, sous la lampe, à côté des pinces et des petits miroirs, il est incapable de desserrer les dents. Le dentiste lui crie alors :

— Au nom de la loi, shérif, ouvrez la bouche !

•

La prof : Je vais essayer de vous expliquer les additions et les soustractions. Martine, supposons que tu donnes sept bonbons à ton frère et que tu lui en reprennes quatre, qu'est-ce que ça va faire ?

Martine : Ça va le faire pleurer, c'est sûr !

•

Si tu tiens trois oranges dans une main et six dans l'autre, qu'est-ce que tu as ?

De très grandes mains !

•

— Sais-tu ce qui fait 999 fois tic et une fois toc ?

— Non, quoi ?

— Un mille-pattes avec une patte dans le plâtre !

•

Quelle est l'amie qui nous donne mal à la tête ?

La migraine !

•

Que trouve-t-on au mois de février mais pas dans les autres mois ?

La lettre f.

•

La patiente : J'ai beaucoup de difficulté à prendre des décisions.

Le médecin : Est-ce que ça vous arrive souvent ?

La patiente : Oui et non !

•

Tom : Avez-vous des pilules qui empêchent de grandir ?

Le médecin : Pourquoi veux-tu avoir ça ?

Tom : C'est pour mon poussin. Ma mère aimerait bien le manger l'automne prochain !

●

Julie : Regarde, un canard aveugle.

Isabelle : Comment sais-tu que c'est un canard aveugle ?

Julie : Facile, il se promène avec sa cane blanche !

●

La prof : Quel est le pluriel du mot voleur ?

Annick : Des valises.

La prof : Pourquoi dis-tu ça ?

Annick : Ben oui... un voleur dévalise !

●

Quelle partie du poulet les Italiens préfèrent-ils ?

Les pattes (pâtes) !

●

— Que mangent les requins qui vont souper dans un restaurant très chic?

— Je ne sais pas.

— Des cuisses d'homme-gre-nouille!

•

Le prof: Quel est le métier que tu aimerais le moins faire?

Gaston: Médecin.

Le prof: Mais pourquoi?

Gaston: Parce qu'il faut toujours se laver les mains.

•

Quel arbre a toujours froid?
Le tremble.

•

Adam: Demain, j'ai un examen. Voudrais-tu m'aider à étudier?

Kim: D'accord!

Adam: Demande-moi le nom des bébés animaux.

Kim : Comment s'appelle le bébé du lion et de la lionne ?

Adam : Le lionceau.

Kim : Bien. Et celui du cheval et de la jument ?

Adam : C'est le poulain.

Kim : Oui ! Maintenant, qui est le bébé de la vache et du bœuf ?

Adam : Euh... le bœuf-bé ?

•

— Tu sais quelle heure il est quand l'horloge de l'hôtel de ville sonne treize coups ?

— Non.

— L'heure de la faire réparer !

•

— Connais-tu l'histoire du lit vertical ?

— Non.

— C'est une histoire à dormir debout !

•

Rébecca : Crois-tu qu'il y a d'autres êtres intelligents dans l'univers ?

Marc : Quoi ? Parce que tu trouves qu'il y en a ici ?

●

Odile : Es-tu gaucher ou droitier ?

Maxime : Je suis gaucher mais j'écris avec ma main droite.

Odile : Ah, c'est drôle ! Moi j'écris toujours avec un crayon !

●

Patrice amène son ami Ling jouer aux quilles. Il laisse son copain commencer, et celui-ci réussit un magnifique abat.

— C'est beau Ling ! le félicite Patrice.

●

Deux médecins discutent :

— Que fais-tu quand des grosses bananes viennent te consulter ?

— Je leur dis de se mettre au régime !

●

Au restaurant :
— Garçon ! Il y a une mouche dans ma soupe !
— Ne vous inquiétez pas, monsieur, je vous la laisse gratuitement.

●

— Comment les abeilles se rendent-elles à l'école ?
— En autobzzzzzzz !

●

Le prof : Chantal ! Comment peux-tu te concentrer en faisant deux choses à la fois ? Je t'ai déjà souvent dit d'arrêter de chanter quand tu étudies.
Chantal : Mais je n'étudiais pas !

●

Toc ! Toc ! Toc !
— Qui est là ?
— H.
— H qui ?
H èves-tu de faire tes devoirs ?

●

Une dame entre à la pâtisserie.

— Donnez-moi un superbe gâteau au chocolat, s'il vous plaît. J'ai décidé de me payer une petite gâterie.

— Très bien, madame. Voulez-vous que je le coupe en huit morceaux ou en six morceaux?

— En six, quand même! Je suis au régime!

•

Pourquoi l'éléphant porte des bas bleus?

Parce que les rouges sont au lavage!

•

Au magasin:

— Je peux vous aider, madame?

— Oui monsieur, je cherche des souliers de crocodile.

— Très bien, quelle pointure chausse votre crocodile?

•

Deux serpents discutent dans le désert:

— Pauvre toi, ça n'a vraiment pas l'air d'aller ce matin!

— Bof… je suis rentré très tard hier soir et j'ai la gueule de boa…

●

Toc! Toc! Toc!
— Qui est là?
— Lison.
— Lison qui?
— Lison tous ensemble!

●

Margot: Aimerais-tu un verre de mon nouveau jus de mûre?

Thierry: Non, je te remercie beaucoup. Je n'ai pas vraiment de goût pour la peinture et le plâtre!

●

Un homme arrive au paradis. Il y a devant lui trois portes. Il doit décider derrière quelle porte il choisit de passer le reste de ses jours.

Il ouvre la première et aperçoit des

gens enfoncés dans la boue jusqu'au cou. «Ouache!» se dit-il.

Derrière la deuxième, il voit des gens enfoncés dans la boue jusqu'à la taille. «Pas très très rigolo!» pense-t-il.

Il ouvre la troisième porte et trouve des gens dans la boue jusqu'aux genoux. «Pas trop mal, on doit s'habituer. C'est ici que je choisis de passer le reste de mes jours!»

Il referme la porte derrière lui et s'installe. Au bout d'une dizaine de minutes, il entend une voix dire:

— Attention, la pause est terminée! Tout le monde la tête en bas!

•

— Sais-tu combien de temps on peut vivre sans cerveau?

— Quel âge as-tu justement?

CONCOURS

Tu dois connaître, toi aussi, de courtes histoires drôles. Alors, pourquoi ne pas nous en faire parvenir quelques-unes ?

Parmi celles reçues, certaines seront retenues pour publication et l'auteur(e) recevra une surprise.

Participe le plus vite possible et envoie tes histoires drôles à :

CONCOURS HISTOIRES DRÔLES
Les éditions Héritage inc.
300, rue Arran
Saint-Lambert (Québec)
J4R 1K5

Nous avons hâte de te lire !

À très bientôt donc !

Payette & Simms Inc.

Achevé d'imprimer en septembre 2002 sur les presses de
Payette & Simms inc. à Saint-Lambert (Québec)